T.d $\overset{64}{356}$

A M. le Docteur LEFEBURE,

Secrétaire général du comité central de vaccine du département
du Nord,

MONSIEUR ET TRÈS-HONORÉ CONFRÈRE,

Suum cuique......

 Deux motifs ne me permettent pas de laisser sans réponse l'analyse que vous avez bien voulu faire, dans votre dernier rapport, de l'opuscule que j'ai publié en 1839. Le premier, c'est la
nécessité où je me trouve de rétablir sous leur véritable jour des
faits que vous avez mal compris, faute à moi, sans aucun doute,
de ne les pas avoir assez clairement exposés. Le second, c'est
que la question scientifique qui nous divise est de celles mar-
quées au coin de l'intérêt général et que, pour la résoudre, ce
n'est pas trop du concours de toutes les volontés, de toutes les
intelligences et de sérieuses discussions, dégagées d'entraves
ou plus encore d'idées préconçues. A chacun appartient le droit,
j'allais dire le devoir, de jeter en passant sa faible pierre au pied
de l'édifice qui s'élève, quelque architecte habile devant peut-
être un jour lui assigner une heureuse destination.

 Vous avez cru devoir consacrer douze grandes pages d'impression à l'analyse d'un travail qui n'en comprend que vingt-

trois. Peut-être à votre place, mon cher confrère, m'eût-il paru convenable de le reproduire en entier, sauf à combattre ensuite, *unguibus et rostro*, les doctrines *subversives* qu'il renferme. Vous ne l'avez pas fait. Vous avez réservé cette distinction à des mémoires presque aussi étendus que le mien, et qui à tous égards en étaient plus dignes, j'en conviens. Mais comme ces mémoires corroborent de point en point vos théories sur la vaccine, tandis que le mien les heurte assez fortement, je crains bien, mon cher confrère, que vous n'ayez laissé perdre l'occasion que je vous offrais de fournir une nouvelle preuve de votre impartialité, je dirai plus, je regrette vivement que vous ne l'ayez pas saisie. La haute estime que je professe depuis long-temps pour votre caractère m'interdit de plus longs commentaires sur cette circonstance, assez futile du reste. D'ailleurs, n'est-il pas impossible qu'un homme honorable qui résume en soi-même l'action du comité central d'un département aussi populeux que le nôtre, et qui possède ainsi les éléments d'une immense et facile expérimentation, n'accueille pas avec la même indulgence les opinions les plus divergentes ou ne les reproduise pas le plus exactement possible, afin d'éviter jusqu'à l'apparence de se donner le mérite si vulgaire de les réfuter en les torturant quelque peu ? S'il en était autrement, il n'en faudrait accuser qu'une fâcheuse préoccupation.

En vous adressant mon travail, quelque mince qu'il fût, je n'avais en vue que de satisfaire aux vœux du comité central de vaccine, ou plutôt aux vôtres, mon cher confrère. Voici ce que je trouve à la page 37 de votre rapport de 1837 :

« .... *Nous ferons un appel au zèle des vaccinateurs, pour* » *qu'ils aient à bien suivre la marche de la vaccine et à pra-* » *tiquer, autant qu'il sera en leur pouvoir, des revaccinations* » *sur des sujets qu'ils constateraient avoir été déjà bien vac-* » *cinés.* »

Plus bas, même page, vous proposez « *de continuer l'usage*

» *d'accorder des médailles en argent aux vaccinateurs, sans*
» *égard au nombre des vaccinations opérées, pour des mémoires*
» *ou observations ayant pour objet la variole ou la vaccine.* »

Vous spécifiez ensuite la nature de ces observations et vous
dites au 3.º :

« *Les revaccinations qu'ils auront essayées, quels que soient*
» *leur nombre et les résultats.* »

Or, comme j'ai quelques raisons de croire que mon travail
est le seul qui vous soit parvenu sur ce sujet, j'aurais presque
le droit de revendiquer une des médailles que vous avez accor-
dées aux mémoires qui confirment les idées généralement
reçues, celles que vous propagez avec tant de dévouement ;
mais heureusement je tiens peu à ces hochets qui n'auront
jamais la vertu de stimuler mon zèle pour la recherche de la
vérité, pas plus que les attaques injustes ou passionnées ne sau-
raient le refroidir. Dois-je le dire ? si, à Dieu ne plaise, mon
amour-propre pouvait entrer pour quelque chose dans notre
débat, le vote de la Société royale des sciences de Lille, qui
ordonna l'impression de mon mémoire dans son recueil, et les
encouragements flatteurs que j'ai reçus d'hommes très-haut
placés dans notre art, de membres de l'Institut et de l'Académie
de médecine, ne seraient-ils pas d'amples dédommagements
pour mon quasi-échec devant le comité central du Nord ?

Mais brisons sur toutes ces petitesses. Hâtons-nous, mon cher
confrère, de nous porter sur un terrain purement scientifique.
Là, l'un et l'autre, nous serons plus à notre aise pour *deviser*,
comme disaient si naïvement nos pères.

Je vais avoir l'honneur de vous toucher page par page, paragraphe par paragraphe, ligne par ligne au besoin. Je voulais
vous offrir une *analyse* de votre analyse ; mais pour y mettre plus
d'ordre et éviter ainsi de nombreuses redites, je traiterai tour-
à-tour ce qui a trait à la varioloïde, aux différentes apparences
vaccinales, puis enfin aux revaccinations. A l'avance je déclare

que je n'altérerai jamais votre *sens* par des citations tronquées
ou par trop détachées de l'ensemble ; je ne donnerai jamais
comme une opinion bien arrêtée celle que vous aurez émise
sous une forme dubitative, et s'il se trouve quelque idée dominante, servant de base à votre argumentation, loin de la tenir
à l'écart ou de vouloir la dépouiller de ce qu'elle peut avoir
d'original ou d'utile, je m'empresserai de la mettre en relief,
sans qu'aucune périphrase bien étudiée puisse laisser croire aux
gens mal instruits que cette idée m'appartient ou m'était fami-
lière depuis long-temps. Voilà qui est loyal au moins. Ceci posé,
j'entre en lice.

J'ai dit, dans ma note intitulée *Quelques études sur la vaccine*,
que lors de la dernière épidémie à Lille, les cas de variole *chez
les vaccinés* avaient été déguisés comme d'ordinaire sous le mot
heureux de varioloïde. Cette épithète me vaut un peu de rancune de votre part, mon cher confrère. Cette rancune se traduit
suffisamment par un quasi-reproche de légèreté ou même d'inconséquence, lorsque plus tard je dis *varioloïde* pour exprimer
l'idée d'une variole modifiée par une vaccine concomitante.
C'est de la mauvaise guerre, je vous en avertis, c'est de la
guerre de mots qu'il faut laisser à quelques rhéteurs quinteux,
nourris des doctrines scholastiques du X.e siècle ; elle ne peut
être à votre usage, mon cher confrère. Une fois pour toutes
vous saurez qu'aimant à me faire comprendre (et vous m'avez
prouvé que je n'y parvenais pas toujours) je me sers des mots,
même vicieux, dès qu'ils sont consacrés par l'usage. Je dis
varioloïde comme je dis *vaccinelle, fausse vaccine*, bien qu'à la
rigueur je ne voie là que des modifications *purement individuelles* d'une seule et même maladie. C'est vous dire assez que
j'accepte, sans discussion aucune, votre paragraphe ainsi conçu
(page 54) : « *Il est bien clair que notre confrère, en s'expri-*
» *mant ainsi, suppose que la varioloïde et la petite vérole sont*
» *absolument la même chose.* » Mais en même temps je repousse

de toutes mes forces l'erreur que vous me prêtez bien gratuitement *d'en avoir explicitement reconnu la différence* (page 56).

Page 54, on lit : « *Si M. Dourlen a vu la vaccine inoculée* » *sur un sujet étant déjà sous l'influence de la petite vérole,* » *ne pas éprouver de modifications, tandis que la petite vé-* » *role dégénérait en varioloïde, la puissance de la vaccine a* » *donc été plus grande sur la variole que celle-ci sur la vac-* » *cine ?* » Personne à coup sûr ne s'élèvera contre un tel raisonnement.

Quelque peu obligeant que soit votre *si* dubitatif, je le laisse de côté pour rappeler à votre mémoire, mon cher confrère, que j'eus l'honneur de vous montrer un de ces faits, aujourd'hui si vulgairement admis, rue Saint-André, N.º 9, chez l'enfant Jehanne, en avril 1839. Mais gardez-vous bien d'arguer de ces faits pour exalter le pouvoir de la vaccine en pareil cas, car bientôt d'autres faits surgiraient pour démontrer que ce pouvoir n'est pas toujours infaillible lorsqu'elle se trouve en présence avec la variole sur un même individu. « Ainsi à Marseille, dans » le mois de juin 1829, *neuf* individus ont succombé à la variole » pendant le développement de la vaccine et *trois* autres avaient » déjà subi le même sort dans les mêmes conditions; en août » *deux* autres ; en septembre *deux* autres encore, en tout *seize* » sujets qui moururent de la variole, malgré le vaccin qui l'ac- » compagnait. » (M. RAYER, art. *Vaccine* du Dict. de méd. et de chir. prat. , 1836.)

Comme à l'occasion de mon travail, où le mot de varioloïde se trouve à peine, vous parlez très-longuement de cette maladie, je vais examiner à la hâte jusqu'à quel point est fondée l'opinion que vous émettez sur elle.

La varioloïde est *d'invention* moderne, mon cher confrère. Elle est très-postérieure à la vaccine, du moins dans l'acception qu'on lui donne assez généralement. Elle est *née* à Marseille, en 1828 , comme vous le dites fort bien, pendant l'épidémie qui frappa 30,000 *vaccinés !* (Voir vos chiffres , pag. 55.) Les anciens ne connaissaient que deux degrés dans la variole, la discrète et la confluente. Vous savez tout cela mieux que moi. Mais lorsque bon nombre de vaccinés, atteints de la variole, vinrent protester, cicatrices au front, contre le pouvoir absolu, illimité de la vaccine, que fit-on ? D'abord on nia ces faits, avec d'autant plus de facilité qu'ils étaient rares, puisque toute la population se trouvait encore à peu de distance de l'inoculation jennérienne. Puis, lorsque leur multiplicité toujours croissante dut ouvrir les yeux aux plus crédules, on ne vit dans ces cas que la varicelle ou petite vérole volante ; et lorsque enfin, des symptômes graves, l'ombilication des pustules et même la mort, plus fréquente que vous ne le prétendez, mon cher confrère, on se rappela que THOMPSON avait désigné toutes les modifications de la variole sous le mot générique de varioloïde, et l'on s'en empara avec une sorte de frénésie, comme si ce mot suffisait pour constituer une maladie distincte de la variole, comme s'il pouvait exprimer autre chose qu'une variole, plus ou moins modifiée par quelque reste de préservation antérieure, due, soit à la vaccine, soit à la variole elle-même.

Afin de prouver que le mot varioloïde n'est pas seulement *heureux*, mais qu'il est *convenable*, vous dites, page 55 : « *La différence dans la mortalité méritait donc bien qu'un nom particulier distinguât l'affection que des causes antérieures rendaient plus bénigne.* »

Oh ! mon cher confrère, où en serions-nous si pareille hérésie se glissait dans la langue médicale, déjà si compliquée ? Quoi ! il faudrait créer des mots nouveaux pour distinguer entre elles les pneumonies, les péritonites qu'un traitement actif ou une intensité moindre, dans les causes pathogéniques, rendraient plus aisément curables, ou, en d'autres termes, moins fréquemment mortelles ? Nous aurions donc bientôt des *pneumonoïdes,* des *péritonoïdes* et autres barbarismes scientifiques qui ne man-

queraient pas d'avoir cours, soyez-en sûr, si par malheur
quelque sommité de notre art tentait de les mettre à la mode ?
Mais c'est une nouvelle Babel qui nous menace ! c'est le néologisme qui nous envahit ! Prenons-y garde, le néologisme est
plus destructif de l'esprit d'observation qu'on ne le suppose.
Tant d'hommes se repaissent de mots et ne vont pas au-delà !
Pour en finir avec celui de varioloïde, je persiste à dire qu'il
est *heureux*, puisqu'il suffit pour rassurer la conscience des
fidèles croyants à une vaccine immuable, dont à l'avance il
justifie tous les revers; avec vous je le crois *convenable*, mais
seulement pour les gens du monde qu'il entretient dans la sécu-
rité la plus parfaite. Le jour n'est pas loin peut-être où il ne
sera plus qu'à leur usage.

Page 56, on lit au deuxième paragraphe : « *Dans un rapport*
» *précédent j'avais bien dit que la variole et la varioloïde étaient*
» *de la même nature, de la même origine...* »

Ici, mon cher confrère, nous sommes sur le point de nous
accorder; je partage cette opinion, et cela sans réserve aucune.
Ici je trouve que vous reconnaissez *très-explicitement* que vous
propagiez une grave erreur lorsque, dans votre rapport de
1835, page 9, vous disiez : « *L'expérience prouve qu'elle* (la
» varioloïde) *ne préserve pas plus de la variole qu'elle n'em-*
» *pêche le succès de l'insertion vaccinale* » ; car comment admettre qu'une maladie *de même nature* et *de même origine* que
la variole ne soit ni un préservatif de celle-ci, ni un obstacle
au développement de la vaccine. Est-ce que les affections varioliques seraient dépouillées du privilège de mettre à l'abri, dans
certaines limites pourtant, de nouvelles récidives ou du virus
qu'on lui substitue ? Telle ne peut être votre pensée. A moins
qu'en 1835 vous ne confondiez la varioloïde avec la varicelle,
à laquelle cette opinion pourrait seulement s'appliquer. Or,
comme cela ne peut pas être, j'aime mieux constater que vos
idées sur ce point ont subi une puissante modification, dont,

pour mon compte, je me félicite par amour pour le vrai ; sinon j'aurais à signaler une inconséquence dans les pensées, inconséquence bien autrement grave que celle qui ne git que dans les mots, aussi dois-je me garder de vous renvoyer un semblable reproche.

Vous prétendez, mon cher confrère, « *avoir suffisamment* » *établi que bien qu'elles soient de la même origine, la vario-* » *loïde et la petite vérole ont entre elles des caractères diffé-* » *rents assez tranchés pour n'être pas confondues dans les* » *mêmes attributions* (page 65). »

Voyons si M. RAYER, dont le nom fait autorité en pareille matière, est de votre avis. Voici comment il se prononce sur ces *caractères différents :* « Si dans une éruption variolique les éle- » vures passent dès le cinquième ou le sixième jour à la dessicca- » tion, pour le plus grand nombre des médecins, c'est *une vari-* » *celle ;* si elles ne s'éteignent qu'au septième ou huitième, c'est » *la varioloïde;* si elles suppurent pendant plusieurs jours, c'est *la* » *variole;* la principale différence est dans la rapidité plus ou moins » grande de la maladie, *et ce n'est pas là une différence essentielle;* » car la variole confluente, discrète et la variole inoculée, n'ont » pas absolument la même marche, et surtout la même durée, » et cependant elles sont bien évidemment de la même nature, » PUISQU'ELLES NAISSENT FACILEMENT LES UNES DES AUTRES. » (*Dict. de méd. et de chir. prat.* T. 15, page 600, parag. 7.)

Examinons ensemble s'il n'en serait pas de même pour la varioloïde.

Ouvrez, ouvrez l'histoire de l'épidémie de Marseille, vous y verrez, mon cher confrère, qu'à défaut de vaccin, quelques médecins inoculèrent, dans les meilleures intentions du monde, du fluide puisé dans un bouton de varioloïde, et nous devons croire qu'ils choisirent la plus bénigne; mais qu'à leur grande surprise ils obtinrent *la variole,* même la plus confluente, et que deux inoculés sur neuf moururent. Les mêmes accidents n'ont-

ils pas été signalés plus antérieurement par M. TRUFFARD de Mont-
béliard ? M. RAYER ne cite-il pas le fait intéressant d'un enfant
vacciné, atteint de varioloïde, qui communiqua *la variole* à tous
les non-vaccinés du village qu'il habitait, etc., etc.? En faut-il
davantage pour admettre, comme je le fais, entre ces deux maladies, la plus parfaite identité? Mais cette opinion est la mienne,
direz-vous ? D'accord. Mais alors pourquoi n'admettre cette
identité qu'avec de certaines restrictions que vous puisez entièrement *dans les derniers symptômes comme dans les conséquences de la maladie* (page 55) qui, eux aussi, confirment pleinement, comme nous venons de le voir, cette parfaite identité?
S'il est vrai qu'il y ait là deux maladies *qu'on ne doit pas confondre dans les mêmes attributions* (page 65), veuillez m'expliquer, je vous prie, pourquoi elles se confondent si bien dans
leurs résultats ?

Qu'est-ce encore, je vous le demande, qu'une maladie à
laquelle le médecin ne peut rigoureusement donner un nom
qu'après en avoir patiemment attendu la terminaison ? Et si
cette terminaison est fatale, doit-il s'obstiner à n'y voir qu'un
diminutif de la variole ? Voilà pourtant, mon cher confrère,
les conséquences que l'on peut logiquement tirer du parallèle
entre ce que vous appelez *deux maladies*, publié dans votre
rapport de 1837, parallèle que vous empruntez à M. FAVART.

On peut déduire de tout ceci :

1.º Que la *varioloïde* n'est point une maladie *analogue* à la
variole, comme on le prétend à tort, mais bien *la variole elle-
même* plus ou moins modifiée dans sa marche ou dans sa durée
par quelque reste de préservation antérieure, due soit à la vaccine, soit à la variole elle-même, qui le plus souvent en atténue
la violence.

Ce qui le prouve assez, c'est que la varioloïde la plus bénigne,
inoculée à des sujets exempts jusqu'alors de toute influence
vaccinale ou variolique, se reproduit dans toute sa gravité et

devient chez eux meurtrière dans la même proportion que la variole proprement dite.

2.º Qu'elle est contagieuse au même degré que la variole.

3.º Qu'elle laisse après elle, pour peu qu'elle soit intense, des cicatrices aussi profondes, aussi indélébiles que lorsqu'on lui donne le nom de variole.

4.º Qu'elle peut être mortelle.

5.º Qu'enfin le mot *varioloïde* est dangereux puisqu'il est propre à entretenir les illusions des médecins qui, ne la croyant pas contagieuse (et le nombre en est grand), pourraient négliger de vacciner en toute hâte les individus, placés dans un foyer d'infection, qui ne le seraient pas encore ; que la *différence comparative dans la mortalité*, ni *l'absence de la fièvre secondaire* ne sont pas des caractères assez constants, assez tranchés pour justifier l'emploi d'un mot bon tout au plus pour exprimer l'idée de quelques éruptions anormales ayant quelques rapports de forme avec la variole.

Arrivons maintenant à la vaccinelle, question qui m'intéresse à un haut degré puisque son étude particulière constitue la base essentielle du travail dont je réfute ici l'analyse. C'est là l'idée dominante, et pourtant vous ne la présentez pas complète dans la discussion à laquelle vous vous livrez. Permettez-moi donc, mon cher confrère, de réparer cette omission en reproduisant ici les corollaires qui terminent cette partie de mon opuscule, afin que le public médical puisse juger, les pièces en main, si votre analyse est suffisamment exacte. Je le fais d'autant plus volontiers que le temps et de nombreuses expérimentations, loin d'avoir ébranlé mes convictions à cet égard, les ont, au contraire, complètement justifiées.

Je dis, pages 9 et 10 :

« Il résulte de ce que je viens d'avancer :

» 1.º Que la vaccinelle est le produit de l'insertion de la » vaccine vraie chez des vaccinés ou chez quelques variolés » ayant généralement plus de 25 à 30 ans.

» 2.º Qu'elle ne peut pas se transmettre sans subir une alté-
» ration remarquable dans ses caractères, si ce n'est chez des
» vaccinés ayant au moins l'âge que je viens d'indiquer.

» 3.º Qu'inoculée aux vaccinés plus jeunes, elle dégénère en
» fausse vaccine.

» 4.º Qu'enfin, lorsqu'elle est bien développée et recueillie
» en temps (le sixième jour par exemple) sur un sujet vacciné,
» ou même, ce qui est plus rare, sur un variolé, et inoculée à
» un autre sujet exempt jusqu'alors de ces deux éruptions,
» *elle reprend aussitôt les caractères de la vaccine la plus légi-*
» *time et les conserve invariablement dans toutes ses transmis-*
» *sions suivantes.* »

Ceci bien compris, je reviens à votre argumentation. On lit,
pages 55 et 56 de votre rapport :

« *Le nom de vaccinelle donné aux pustules résultant d'une*
» *seconde vaccination serait également, selon M. Dourlen, une*
» *invention faite pour ne pas nuire à la réputation de la vac-*
» *cine, dans le cas où une seconde opération serait suivie de*
» *succès.* »

Oui, mon cher confrère, j'ai dit cela et je l'avoue. De
même que je crois que le mot varioloïde n'a d'autre utilité
que de voiler les *insuccès* de la vaccine, considérée comme préservatif absolu, de même celui de *vaccinelle* n'est-il adopté par
nos adversaires que pour déguiser les *succès* des revaccinations.
Vous-même, page 25, ne l'appelez-vous pas vaccine *bâtarde*, et
les revaccinations les plus authentiques des *résultats bâtards*,
page 26 ? et plus loin vous avouez que pourtant elle reproduit
la vaccine la *plus légitime*, ou, pour me servir de vos expres-
sions, page 18 : *des pustules vaccinales ayant toute la pureté
de leurs caractères distinctifs.* C'est par l'emploi abusif du mot
vaccinelle qu'on a prétendu expliquer, que dis-je ? qu'on a
voulu nier les milliers de revaccinations heureusement obtenues
en Danemarck, en Suède et dans toute l'Allemagne. Vous

même vous professiez cette opinion en 1838, puisque je trouve, page 35 de votre rapport sur l'année 1837 : « *Nous sommes* » *franchement disposés à croire qu'un grand nombre de pré-* » *tendues réussites de revaccinations n'ont fourni pour résultat* » *qu'une vaccinelle.* »

De là, la nécessité de démontrer par la voie de l'expéri-mentation « que la vaccinelle et la vaccine proprement dite » sont identiques au fond et ne diffèrent entre elles que par des » modifications dans les formes ; que ces dissemblances, qui » roulent seulement sur la couleur des boutons et sur leur » développement plus ou moins hâtif, ne sont que momenta-» nées et particulières aux sujets déjà vaccinés ou variolés, et » qu'elles disparaissent sans retour chez ceux qui sont restés » étrangers à ces deux éruptions. » Voilà ce que je dis, pages 17 et 18 de mon travail. Si cette parfaite analogie que le rai-sonnement admet aisément et que les faits confirment, existe, n'en faut-il pas conclure que le mot de vaccinelle, moins *heu-reux* que celui de *varioloïde*, n'est guère plus *convenable* pour ceux qui veulent avec raison qu'un mot soit autre chose qu'un assemblage de lettres, qu'il soit la représentation d'une idée ?

Une fois pour toutes, mon cher confrère, qu'on me montre la *varioloïde* ou la *vaccinelle* chez un sujet non variolé ou vac-ciné précédemment, et tout aussitôt je confesse mes erreurs, je les maudis, et pour les expier, j'adopte comme article de foi tout ce que l'on raconte sérieusement de l'influence des lan-cettes oxydées ou des cure-dents sur le développement de la fausse vaccine, voire même les guérisons quasi-miraculeuses opérées par le virus-vaccin, soit d'ophthalmie, de dartres, etc. J'irai plus loin, s'il le faut, je lui reconnaîtrai le pouvoir d'ac-tiver la dentition, *de faire pousser les molaires*, toutes choses consignées dans vos différents rapports présentés au comité central du Nord et plus particulièrement dans celui de **1831**, l'un des mieux fournis en ce genre, et qui tendraient à faire

croire que la vaccine n'est autre qu'une panacée universelle.
Comme si la faculté préservative, même temporaire, de cette
précieuse découverte n'était pas elle-même assez merveilleuse !
Pourquoi donc de bons esprits, mais de ceux qui lâchent trop
facilement la bride *à la folle du logis*, comme dit Montaigne,
veulent-ils s'obstiner à parcourir encore la voie semée d'erreurs où l'enthousiasme le plus aveugle avait conduit nos
devanciers. Le temps et de sages observations n'ont-ils pas fait
justice de ces jeux de l'imagination, ou de ces exagérations
mensongères, quelquefois nécessaires, il faut le dire, pour
populariser une vérité naissante ?

Poursuivons.

C'est bien à tort, mon cher confrère, que vous me prêtez
l'opinion passablement ridicule de croire que *la vaccine modifiée, altérée dans ses effets, fût la meilleure* (page 56).

J'ai dit, page 8, « une remarque que je ne dois pas passer
» sous silence, c'est que le produit de la vaccinelle, bien
» ombiliquée, est *peut-être* d'un effet plus sûr que celui de la
» vaccine ordinaire. » Je rétablis ici la phrase suivante que vous
omettez. « Je ne trouve dans mes notes, chose singulière,
» aucun fait de son impuissance. » Parmi les faits dont j'appuie
cette *remarque* et non cette *opinion*, vous citez celui-ci (page 59):
« *M. Pucelle vaccina plusieurs enfants chez M. Demortain,*
» *conservateur du vaccin, avec du fluide que lui-même avait*
» *puisé dans des boutons de vaccinelle. L'opération ne réussit*
» *qu'au bras où cette dernière avait été inoculée ; le vaccin*
» *ordinaire, inoculé à l'autre bras, ne fournit aucun résultat,*
» *quoiqu'il eût été pris de bras à bras.* » Cette citation est
exacte quant au fond ; mais vous ignorez sans doute, mon cher
confrère, que depuis lors, c'est-à-dire depuis quinze mois,
toutes les inoculations pratiquées par M. Pucelle chez M. Demortain, ne reconnaissent pas d'autre source, ainsi que vous pourrez
le constater sur les registres de notre vénérable confrère. Il
en résulte donc que tout le vaccin fourni par lui aux vaccina-

teurs du département depuis cette époque a pour première origine les belles pustules de vaccinelle que vous avez observées avec moi sur M.elle Val.. Pier.. , alors domiciliée rue Saint-André , N.º 8 bis , laquelle portait , de votre aveu, les cicatrices les plus valables d'une vaccination antérieure très-active.

Depuis la publication de mon travail, je n'ai recueilli que deux exemples d'insuccès du fluide de la vaccinelle. Une fois, ma lancette émoussée ne put soulever l'épiderme. Une autre fois le virus y était déposé depuis trois jours. Le cow-pox lui-même résisterait-il à l'une ou à l'autre de ces circonstances ? Je ne le pense pas. D'ailleurs l'adverbe *peut-être* prouve assez que ma pensée n'allait pas au-delà de la constatation d'un fait, jusqu'alors sans exception pour moi, et comme tel intéressant à mentionner. Aussi si je compare les réflexions qu'il vous inspire avec mon texte, j'ai le droit, mon cher confrère, de repousser comme mal déduites, comme illogiques, les conséquences que vous voulez en tirer. Il en est une qui mérite quelque attention pourtant. Je ne l'ai point écrite ; mais j'en ai longuement causé avec vous, après l'avoir communiquée toutefois à la Société royale des Sciences de Lille pour prendre date; c'est celle-ci (page 59) : « *Pour régénérer la vaccine il suffirait donc, en sup-*
» *posant que son action fût affaiblie, de la faire réussir sur*
» *des sujets adultes qui auraient eu antérieurement la vaccine*
» *ou la petite vérole, et de reprendre le fluide des pustules qui*
» *seraient la conséquence de cette inoculation, pour avoir un*
» *vaccin bien plus actif et plus certain que l'ancien.* »

Cela est peut-être plus fondé en raison que vous ne paraissez le croire, mon cher confrère ; mais là, croyez-le bien, n'est pas seulement le pouvoir de révivifier le virus vaccin, si tant est que la chose soit nécessaire. J'ai entrepris à ce sujet une longue série de recherches qui touchent à leur terme; mais comme ce n'est point au comité central du Nord que je dois *d'abord* les faire connaître, je ne crois pas devoir aller plus loin et je me hâte de revenir à la *vaccinelle*.

Avant que j'eusse soumis à votre examen des faits de transmission de vaccinelle suivie de la reproduction d'une bonne vaccine,
vous n'en aviez pas la moindre idée, n'est-il pas vrai, mon cher
confrère ? Je me rappelle encore votre surprise et celle de
M. Pucelle lorsque je les soumis à votre investigation, sans
vous en donner la clef. Vous veniez de publier votre rapport
sur l'année 1837, rapport avec figures coloriées, afin de mieux
faire ressortir tout le danger qu'il y aurait à confondre entre
elles la vaccinelle et la vaccine. Alors vous ne pensiez guère
que *tour à tour et à volonté* l'on pût obtenir ces deux formes
d'un même principe, et qu'il suffisait pour cela de bien choisir
les sujets. Alors encore vous n'admettiez pas avec moi, comme
vous le faites aujourd'hui (page 57, rapport 1838) que « *la vac-*
» *cinelle, pas plus que la fausse vaccine, n'est susceptible de*
» *transmission sans changer d'état, c'est-à-dire sans être puis-*
» *samment modifiée par le sujet qui la reçoit.* » Vous pensiez,
au contraire, *avec tous les vaccinateurs,* que la fausse vaccine
et la vaccinelle constituaient des éruptions bâtardes, détériorées
en quelque sorte, importantes à connaître seulement à cause de
leur ressemblance avec la vaccine et du danger qu'il y aurait à
les prendre pour elle. Voici comment vous en parliez, page 33
de votre rapport de 1837, publié en 1838 : « *Mais afin de com-*
» *pléter ce que nous venons de dire et mettre en garde les prati-*
» *ciens contre les* MÉPRISES, *il ne sera pas inutile de mentionner*
» *une éruption qui peut facilement être confondue avec la vaccine:*
» *je veux parler de la vaccinelle.* » Je sais que M. Bousquet dit
que M. Gendrin a vu la vaccinelle reproduire la vaccine la plus
régulière, ce qui n'est que la répétition du *fait unique* annoncé
par Echhornn ; mais je ne sache pas que cet honorable vaccina-
teur ait indiqué cette expérience comme l'expression d'une loi
générale. Il n'en parle que comme d'un fait exceptionnel; moins
encore, il détermine les circonstances qui favorisent ou plutôt
qui font sûrement réussir cette transmission. C'est là précisé-

ment ce que j'ai essayé de faire, ce que peut-être j'ai fait avec quelque bonheur. De là mon épigraphe : *Suum cuique*, épigraphe qui me paraît juste, nécessaire, puisque dans la partie de votre rapport qui précède l'analyse de mon travail vous parlez avec détail de cette *reproduction* et de vos tentatives en ce genre, sans que rien puisse indiquer que mes propres expériences vous servent de point de départ ou plutôt que vos essais postérieurs n'avaient d'autre but que de vérifier l'exactitude des miens. C'est encore là une omission qu'il m'appartient de signaler. Cependant, je vous remercie sincèrement, mon cher confrère, de vouloir bien étayer de vos expériences personnelles celles que j'ai tentées si heureusement pour prouver, ce qui est incontestable aujourd'hui, « *que la vaccine, inoculée* » *à des sujets déjà vaccinés ou ayant eu la petite vérole, peut* » *fournir une vaccinelle dont le fluide, reporté sur un sujet* » *vierge de ces deux affections, se reproduira sous la forme de* » *vaccin primitif.* » (Page 58 de votre rapport ; ce qui implique contradiction avec la page 56, où vous la dites : ALTÉRÉE DANS SES EFFETS.) Mais comme « *d'autres expériences ne vous permettent* » *pas d'assigner aucun âge pour la reproduction de ces phénomènes,* » *puisque vous les avez obtenus à différentes époques de la vie sur* » *des enfants, des adultes et des vieillards* » (même page), vous me permettrez de vous exposer mon juste regret de ne pas trouver à l'appui de votre dire un tableau statistique de ces expériences contradictoires. J'ai joint aux miennes un état de *quatre-vingt-deux* individus choisis à dessein parmi ceux dont les cicatrices vaccinales étaient des plus apparentes, des moins contestables. Je pourrais facilement aujourd'hui tripler ce nombre. Comment se fait-il donc, mon cher confrère, que vous, dont la mission n'est autre que d'éclairer, de guider les vaccinateurs d'un département du premier ordre, vous ayez négligé l'intervention des chiffres dans une question qui ne peut être résolue que par eux ? Les vôtres seraient-ils donc si peu élevés qu'on ne pût leur accorder quelque valeur ? C'est ce que j'ignore absolument.

« *Jusqu'aujourd'hui*, dites–vous page 58, *les vaccinateurs se*
» *seraient fait un scrupule de prendre la vaccine des adultes*
» *pour l'inoculation des enfants;* ILS AURAIENT CRAINT QU'ELLE NE
MANQUAT SON EFFET. » Et pourquoi, s'il vous plaît ? Pour justifier cette étrange proposition, il faut qu'il soit démontré
par l'expérimentation, ou que l'âge adulte prive le vaccin de sa
propriété de reproduction ou de préservation, ce qui serait
absurde, ou bien admettre que les préjugés du vulgaire, qui
croit que le vaccin peut servir de véhicule à d'autres principes
contagieux, sont fondés ; or, comme rien n'est plus certain
que le vaccin puisé sur des varioleux, des scarlatineux, des
galeux, des syphilitiques, etc., n'a jamais reproduit autre chose
que la vaccine, je ne saurais applaudir avec vous, mon cher
confrère, aux répugnances qui existent selon vous chez quelques
vaccinateurs contre le produit des pustules d'adultes. Ceux–là
peuvent être vaccinateurs, mais, à coup sûr, ils ne sont pas
médecins; de pareils scrupules sont par trop puérils pour mériter
une réfutation sérieuse.

Le 2.ᵉ paragraphe de la page 59 est ainsi conçu :

« *Quelque identité de nature qu'il puisse y avoir entre la vac-*
» *cine et la vaccinelle, il doit suffire que les pustules de cette*
» *dernière soient suffisamment modifiées dans leur forme et le*
» *temps de leur développement, quand elles se montrent sur des*
» *sujets qu'on devait présumer être à l'abri de toute atteinte,*
» *pour avoir la conviction que ces modifications sont la consé-*
» *quence de conditions particulières de préservation dans les-*
» *quelles ils se trouvaient, précisément parce que ces modifica-*
» *tions caractéristiques disparaissent sans retour sur ceux qui,*
» *jusque–là, étaient restés étrangers à ces deux éruptions.* »

Veuillez excuser mon défaut de perspicacité, mon cher
confrère ; car j'ai beau relire, méditer ce paragraphe, je ne
puis en extraire autre chose que la plus complète confirmation
de ce que j'ai dit dans mon travail, savoir : « *Que toutes les*

» *modifications* dans la forme ou le temps de développement
» d'un bouton vaccinal, résultent de conditions individuelles, et
» ce qui le prouve assez, ai-je ajouté, c'est que ces *modifica-*
» *tions* disparaissent sans retour chez ceux qui, jusque-là,
» étaient restés étrangers à ces deux affections » (variole, vaccine). C'est donc ma pensée que vous reproduisez, sans qu'un
seul mot indique qu'elle m'appartienne, que c'est dans mon
travail que vous l'avez puisée ! *Suum cuique.*

Je dois m'accuser ici, mon cher confrère, d'avoir indiqué
l'ombilication, même très-faible, de la pustule vaccinale, comme
la condition d'une heureuse transmission. Bon nombre de faits
m'ont suffisamment démontré depuis lors qu'elle n'était nullement indispensable. Vous avez habilement saisi ce côté faible de
mes opinions. Je dois donc subir humblement le paragraphe de
réfutation que vous voulez bien consacrer à cette erreur. En
écrivant ainsi je sacrifiais à de faux dieux, je n'avais pas encore
dépouillé le vieil homme, je jurais encore *verbo magistri;* car
tous les auteurs regardent l'ombilication comme un signe essen-
tiel, caractéristique du bouton vaccinal ou variolique. Vous-
même, mon cher confrère, ne la partagiez-vous pas cette erreur
lorsque, dans votre rapport de 1829, vous appeliez l'attention des
praticiens sur l'importante valeur de ce signe ? N'avez-vous pas
pris la peine de faire graver deux planches qui représentent
la fausse et la vraie vaccine ? Certes alors vous n'eussiez pu
croire qu'un *petit bouton pointu, croûteux*, quoiqu'il ne fût
qu'au huitième jour, *ayant l'aspect de la gomme ou du sucre
candi*, pût reproduire *une belle pustule vaccinale.* Je regrette de
n'avoir pas connu plus tôt ce fait observé, dites-vous (page 60),
par M. BOUSQUET sur l'enfant de M. le docteur GASC; car j'y
trouve une nouvelle consécration de ce que j'ai avancé tou-
chant la fausse vaccine et la possibilité qu'il y a de lui restituer
quelquefois par la transmission tous les caractères de la meilleure vaccination. J'ai dit, page 5 :

« Il en est exactement de même (c'est-à-dire qu'elle peut se

» reproduire) si, sous la croûte brunâtre qui revêt quelquefois
» toute l'étendue d'un bouton de fausse vaccine au cinquième
» ou sixième jour, on recueille un liquide visqueux, non troublé,
» peu consistant. »

Puisqu'il s'agit ici de la fausse vaccine et que vous n'avez pas
cru devoir dire un seul mot de mes essais en ce genre, je vais
reproduire, comme je l'ai fait pour la vaccinelle, mes conclusions sur ce sujet. Je dis, page 6 :

« Mes observations sur ce *premier degré* des éruptions vaccinales m'ont appris :

» 1.º Que la fausse vaccine s'obtient souvent chez les *variolés*,
» quel que soit leur âge.

» 2.º Qu'elle s'obtient encore aisément chez les *vaccinés* qui
» ont moins de 25 à 30 ans.

» 3.º Qu'elle n'est pas susceptible de reproduction sans
» changement d'état, reproduction qui n'arrive d'ailleurs que
» lorsqu'elle atteint lentement un certain degré. Alors elle peut
» donner la vraie vaccine ou la vaccinelle selon les prédisposi-
» tions des sujets. »

On lit, page 61, deuxième paragraphe : « *C'est en effet moins*
» *à la régularité de la forme de la pustule qu'il faut s'en rap-*
» *porter pour décider de sa bonne qualité, qu'à sa marche et à*
» *sa durée. Sous le nom de faux vaccin il faut entendre celui*
» *qui avorte et dont l'effet de la piqûre n'a qu'une durée éphé-*
» *mère, car les anomalies de forme peuvent être fort nombreuses,*
» *sans que pour cela les qualités contagieuses soient altérées.* »
N'ai-je pas le droit de placer ici mon inexorable *suum
cuique?* Car si quelques personnes doutaient à quel point vos
convictions en matière de vaccine ont varié DEPUIS UN AN, je les
renverrais de nouveau au tableau synoptique de la fausse et de la
vraie vaccine qui accompagne votre rapport de 1829, ou mieux
encore aux planches, avec explications, qui accompagnent celui
de 1837 publié l'année suivante. Que l'on compare attentivement
vos deux derniers rapports et l'on sera surpris des modifications

radicales qui se sont opérées dans vos opinions, en un laps de temps aussi court. Je serais heureux de pouvoir penser que j'ai contribué quelque peu à ce changement si subit, auquel d'ailleurs j'applaudis avec empressement, convaincu comme je le suis qu'il est tout à la fois dans l'intérêt de la vérité et dans celui de la science.

Avant d'abandonner la question des faits et de vous suivre, mon cher confrère, dans votre examen critique, des conclusions que j'ai cru pouvoir tirer (non sans réserve pourtant) de ceux que j'ai si péniblement amassés, veuillez me permettre de jeter un coup-d'œil sur une proposition qui joue un grand rôle dans votre argumentation contre mon travail. Vous la reproduisez à chaque instant sous tant de formes et avec tant de complaisance (complaisance que quelques-uns pourraient croire paternelle), que je suis naturellement porté à penser que vous lui accordez une certaine importance. Ne devinez-vous pas qu'il s'agit du *génie épidémique* ou en d'autres termes des *influences épidémiques*, lesquelles favoriseraient le développement de la vaccine, même chez les anciens vaccinés, et expliqueraient ainsi, selon vous, le *succès apparent* des revaccinations qui eussent échoué en-dehors de ces influences, c'est-à-dire en temps ordinaire ? Voilà bien votre pensée, n'est-il pas vrai ? Moi, je la crois erronée et j'en déduirai tout-à-l'heure les motifs. Mais ici je me trouve heureux de pouvoir suspendre un moment ma lutte contre vous, mon cher confrère; car cette pensée n'est pas la vôtre, n'est-il pas vrai ? Elle appartient en entier à M. le docteur Desportes, membre de l'académie de médecine, qui la développa longuement devant cette assemblée en août 1837. Cependant je cherche en vain ce nom dans votre rapport! C'est un oubli dont je vous tiens comptable envers cet honorable académicien. *Suum cuique.... omnibus.*

Si je n'admets pas cette explication, c'est que mes expériences, non interrompues depuis 1834, m'ont fourni des résultats constamment les mêmes. Or, je ne pense pas que

depuis six ans la variole ait fait élection de domicile parmi nous.
Je livre ce nouveau fait à vos réflexions. Je dois ajouter que
pendant les mois de juin, juillet, août 1838, qui furent si
remarquables pour les vaccinateurs *praticiens* de Lille par le
grand nombre d'insuccès de la vaccine (je fais ici un appel à
leurs souvenirs), je n'en ai pas moins compté mes *réussites*
sur près de la moitié des anciens vaccinés. Or, vous vous rap-
pelez peut-être, mon cher confrère, que je n'appelle pas
réussites le développement d'une éruption quelconque, je vais
plus loin. J'exige, pour leur donner ce nom, que le fluide
recueilli produise chez les sujets vierges d'éruptions analogues
la vaccine la plus légitime. Alors seulement je les considère à
bon droit comme *des succès.* Car il répugne à mon esprit de
croire que le fluide qui engendre la vaccine ne soit pas lui-
même du vaccin, bien que les pustules qui le contiennent soient
variables quant à leur forme, à leur couleur ou à leur marche.

Je crois donc que c'est à tort que vous vous exagérez
(d'après M. Desportes, s'entend) l'influence de la constitution
épidémique sur le développement plus ou moins actif de la
vaccine. Ne serait-ce pas plutôt une fin de non recevoir contre
les succès *certains* des revaccinations lorsqu'elles seront opérées dans les circonstances que j'ai déterminées avec le plus de
soin possible ? Ne pouvant les nier, ne faut-il pas que chacun
les explique ou les dénature de son mieux ?

Vous demandez (page 62) si l'on doit conclure avec moi que
« *puisque au milieu de circonstances épidémiques la vaccine*
» *inoculée à des sujets qui avaient déjà subi ses effets, fournit*
» *une vaccinelle, que ces sujets avaient absolument besoin d'être*
» *préservés, que la petite vérole était imminente ?* »

Voici la réponse que j'ai faite à cette objection si facile à
prévoir, à la page 18 de ma note, où je pose le dilemme suivant :
« Ou la vaccinelle n'est qu'une variété sans valeur de la vac-
» cine, ou bien, c'est la vaccine elle-même momentanément
» mitigée. Dans le premier cas, je demande à quels signes l'on

» peut distinguer la vaccine de la vaccinelle à sa seconde géné-
» ration ? Si , au contraire , c'est la vaccine elle-même , n'en
» faut-il pas conclure que tous ceux chez lesquels elle se ma-
» nifeste ont été revaccinés avec succès et , *à fortiori*, qu'ils
» avaient besoin de l'être, puisqu'il est assez généralement
» reconnu que la vaccine ne se montre que chez les individus
» aptes à contracter la variole. Certes le nombre des revac-
» cinés est assez grand aujourd'hui pour qu'on veuille bien
» m'épargner l'argument, tant usé, de la prédisposition qu'ont
» quelques personnes à contracter deux fois la variole ou la
» vaccine, car, dans l'espèce, l'exception deviendrait la règle. »
Plus bas, vous ajoutez: « *Dans ce cas nous devrions aussi faire*
» *la même supposition , pour ceux qui ont eu la petite vérole.*
» *Puisque sur eux la vaccine a fourni des résultats semblables ,*
» *ils étaient donc sur le point de contracter une maladie dont la*
» *première atteinte aurait dû les préserver ; et cependant ,*
» dites-vous, *combien voit-on de récidives de petite vérole ?*
Ce raisonnement est spécieux , mon cher confrère , examinons ensemble s'il est fondé , s'il est logique. D'abord les succès
des revaccinations chez les variolés sont plus rares que chez les
vaccinés, c'est incontestable; car si dans l'état de mes vaccinations en 1839 , je cite *huit* succès sur *neuf* variolés , c'est qu'il
y avait là des circonstances exceptionnelles qui se rattachent
directement à des expériences que je ne dois pas faire connaître
en ce moment , et je n'en parle qu'afin qu'on ne cherche pas
à me les opposer à l'appui d'une réfutation. Prenez-y garde ,
mon cher confrère , si les récidives de variole sont aussi rares
que vous paraissez le croire (page 62) , vous fournissez une
arme puissante à ceux qui , *sans plus exiger de la vaccine que de*
la petite vérole (même page) , vont jusqu'à lui contester un pouvoir protecteur au même degré que cette dernière, se fondant,
non sans raison selon moi , sur ce que *la varioloïde* est bien plus
commune chez les vaccinés que chez les variolés. Voyons si
vos chiffres ne confirmeraient pas au besoin cette assertion. On

trouve, page 55, deuxième paragraphe de votre rapport, que, dans l'épidémie de Marseille, la varioloïde a frappé le quinzième des vaccinés et seulement le centième des variolés! Quoi de plus concluant en ma faveur, mon cher confrère, que vos propres arguments? C'est une mine inépuisable; le temps et l'espace me manquent pour y puiser plus largement.

« *Mais aucun cas de petite vérole franche n'a été signalé* » *sur des sujets antérieurement bien vaccinés; cela aurait pu* » *cependant se présenter....* » Cela s'est en effet présenté. Voici, pour ne citer que des faits qui me soient personnels, ce que j'ai vu en janvier 1838. M. Ardouin, agent de l'entreprise des fourrages, à Lille, et le jeune Frémeaux, alors domicilié Vieux-Marché-aux-Poulets, N.º 15, tous deux *bien et dûment vaccinés*, le dernier par un médecin très-justement estimé dans cette ville, furent atteints de variole, non mitigée, je vous l'assure, car *la fièvre secondaire*, *la suppuration des pustules*, *la persistance des croûtes pendant près d'un mois*, *et des cicatrices très-apparentes* ne purent laisser aucun doute à cet égard. En 1839, j'ai rencontré, pour mon compte, bon nombre de varioles plus ou moins mitigées, soit *varioloïdes*. J'en ai vu de très-graves qui ont profondément sillonné le visage de leurs victimes, mais tous mes revaccinés ont échappé, même ceux qui vivaient au sein des foyers d'infection. Je vais vous rappeler un fait que j'eus l'honneur de vous raconter à cette époque. Sur six demoiselles qui habitaient la même maison, cinq consentirent à être revaccinées et le furent avec succès, selon moi; la sixième, quelque peu influencée par un confrère, ennemi irréfléchi de mes opinions, s'y refusa obstinément. Huit jours après elle fut atteinte par l'épidémie, dont elle porte les marques les plus indélébiles, tandis que ses compagnes lui donnèrent impunément les soins les plus empressés. Bien que j'aie pris pour règle, dans le travail objet de votre critique, de ne parler que de ce *que j'ai vu* et non de ce *que j'ai lu*, je vous engage, mon cher confrère, à lire dans la *Bibliothèque univer-*

selle de Genève (février et mars 1839), l'excellent travail de
M. Lombard sur les revaccinations. Vous y trouverez, entre
autres faits intéressants, celui-ci, qui mérite d'être plus connu :
Dans une ville d'Allemagne (de Prusse, je crois), deux régi-
ments formaient la garnison. L'un deux avait été entièrement
revacciné par ordre du ministre de la guerre, l'autre ne l'était
pas encore lorsqu'une épidémie de variole éclata parmi les
habitants. En moins de quelques jours le régiment non revacciné fournit quelques centaines de malades vaccinés, dont plusieurs moururent, tandis que l'autre ne compta qu'un seul cas,
encore n'était-ce qu'une varicelle. Je ne sais pas trop ce que
l'on peut opposer à de pareils faits, revêtus qu'ils sont de tous
les caractères de l'authenticité la moins contestable.

J'admets un instant avec vous, mon cher confrère, que la
variole chez les vaccinés soit généralement bénigne, ce qui
n'est pas toujours vrai, vous le pensez avec moi ; qu'elle soit
rarement mortelle, je vous l'accorde encore ; mais si, comme
je le crois fermement, la revaccination, bien autrement bénigne,
ce me semble, peut en mettre à l'abri, n'est-il pas du devoir
de tout médecin consciencieux, pour qui la science n'est pas
seulement *métier et marchandise*, d'en proclamer hautement
l'utilité ? Outre que le mot de *varioloïde*, quelque *convenable*
que vous le supposiez, ne suffit pas toujours pour rassurer les
familles et le médecin lui-même, cette maladie, qui reste inno-
minée pendant toute sa durée, laisse souvent après elle des
traces indestructibles, fort désagréables, vous en conviendrez,
mon cher confrère ? Qu'importe si le médecin, doué de quelque
éloquence, parvient à prouver à ses malades qu'ils ne sont pas
défigurés par la variole, mais bien par la varioloïde, le résultat
n'en demeure-t-il pas le même ? N'eût-il pas mieux valu, par
la plus innocente des opérations, prévenir ce fâcheux accident,
et s'éviter ainsi, auprès des intéressés, des dissertations fort
savantes, j'en conviens volontiers, mais dont Molière, soyez-
en sûr, n'eût pas manqué de faire son profit.

Il est très-vrai, mon cher confrère, « *que c'est en cherchant* » *avec soin des faits probants contre les revaccinations, que je* » *croyais au moins inutiles, que je fus peu à peu conduit à* » *reconnaître leur indispensable nécessité.* » Vous raconter ici tous les mécomptes qui m'attendaient dans cette voie nouvelle, tout-à-fait inconnue pour moi, où je marchais sans guide, serait chose intéressante peut-être, et si je m'en abstiens, c'est que ma lettre est déjà trop longue pour moi qui ne dispose que de mes fonds particuliers, et que sans la foi la plus vive, sans la conviction la plus intime, j'abandonnerais avec plaisir une polémique qui n'est ni dans mon caractère, ni dans mes moyens, je le confesse en toute humilité.

Vous vous trompez, mon cher confrère, en disant (page 63) « *que je crois avoir trouvé cette indispensable nécessité dans* » *l'identité absolue que j'avais cru reconnaître entre la vario-* » *loïde avec la petite vérole franche.* » Vous vous trompez bien plus encore, en voulant prouver qu'*implicitement, j'établissais entre elles une grande différence* (même page); car, comme je l'ai déjà dit plus haut, je n'en reconnais aucune. Je ne vois dans ces différences que des subtilités scholastiques indignes de notre époque, si féconde en progrès réels dans le diagnostic différentiel des maladies.

« *Un autre argument*, dites-vous page 63, *duquel il se* » *fortifie pour soutenir la nécessité des revaccinations, c'est que,* » *quoique la pustule à laquelle donne lieu quelquefois la vac-* » *cine sur des sujets que l'on devait supposer être réfractaires,* » *par l'effet d'une vaccination antérieure ou de la petite vérole,* » *soit modifiée dans ses formes, dans sa couleur, etc., le fluide* » *puisé dans cette pustule et inoculé à des sujets non encore* » *préservés, a donné lieu à d'autres pustules ayant toutes les* » *apparences de la vaccine primitive et franche.* » Eh! mais, mon cher confrère, cet argument est-il donc sans valeur? Quoi! des boutons de forme et de couleur variées, de ceux que les vaccinateurs rejettent avec dédain ou fournissent avec empres-

sement à l'appui des prétendus insuccès des revaccinations,
reproduisant, après avoir déterminé des accidents généraux très-
remarquables, d'autres boutons qui réunissent tous les caractères exigés d'une bonne vaccination, ne serait pas la vaccine
elle-même ? Et si ces variétés de forme, de couleur, ne sont
pas seulement, comme je l'ai dit, des phénomènes purement
individuels, on peut donc, et à volonté, les reproduire sous
leur type primitif ? Ce pouvoir existe-t-il ? Le possédez-vous ?
Faites-le moi connaître, et je m'avoue vaincu. Sinon je persiste
à croire, en m'appuyant sur la double autorité des faits et
de la logique, qu'à la vaccine seule appartient le pouvoir de
reproduire la vaccine. Jusqu'ici rien ne prouve, mon cher
confrère, que votre argumentation puisse porter quelque atteinte sérieuse à mes assertions, bien au contraire, elle les
justifie pleinement, comme vous le verrez tout-à-l'heure.

Je continue.

Vous trouvez dans ce fait qui domine, s'il est incontestable, ainsi que j'espère l'avoir démontré dans mon opuscule, toute la question des revaccinations ; vous trouvez, dis-je,
page 63, « *une preuve en faveur de la ténacité de la vaccine,*
» *puisque si quelques variolés comme des vaccinés en temps*
» *d'épidémie* (toujours selon M. DESPORTES) *n'offrent pas une*
» *résistance absolue à l'action du fluide vaccinal, quand ces*
» *effets ont lieu, ils sont notablement modifiés.* » Mais ces modifications, soyez-en sûr, ne résultent pas seulement de la préservation antérieure. Le croire est une erreur grave. Elles sont
variables comme les idiosyncrasies. On les rencontre, ai-je dit,
chez les adultes, chez les nègres, dont la vaccine, chacun le
sait, diffère de celle des enfants. Chez eux, les pustules vaccinales ont une forme moins constamment régulière ; souvent
elles sont oblongues, plus plates, plus ternes que chez ces
derniers, leur marche est surtout plus hâtive, et cela, ai-je dit
encore, page 8, « en raison directe de la vigueur, de l'activité
» de leur constitution. »

Vous ajoutez, même page : « *La résistance, il est vrai, a été* » *incomplète ; mais elle a existé sans que, pour cela, la nature* » *du fluide ait été altérée.* » Je vous retourne cet argument, mon cher confrère, pour servir à l'histoire de la varioloïde et des résultats de son inoculation, auxquels ils s'applique à merveille.

Je continue à citer : « *Pour prouver la nécessité absolue des* » *revaccinations, il faudrait que la seconde inoculation réussît* » *dans toutes les circonstances,* » (j'ai déterminé celles qui la rendent impossible) « *hors des époques épidémiques comme pen-* » *dant leur durée;* » (six années d'expériences non interrompues ne me laissent aucun doute à cet égard) « *que même, dans cette* » *dernière condition, les essais ne fussent pas souvent infruc-* » *tueux,* » (C'est beaucoup exiger. Ne le sont-ils jamais pour une première inoculation ?) « *qu'enfin lorsque les revaccinations* » *fournissent quelques résultats,* » (succès sur un peu plus de la moitié des sujets, si l'on tient bien compte de l'époque de la première opération, ou des affections varioliques qui l'ont suivie) « *que ceux-ci ne fussent pas tellement* MODIFIÉS *dans leurs* » *apparences que l'on ait été autorisé à leur donner un nom par-* » *ticulier.* » Celui de vaccinelle, par exemple, dont la valeur intrinsèque ne peut être comparée qu'à celui de varioloïde.

Le paragraphe suivant, page 64, me satisfait pleinement. J'y vois avec plaisir que vous entrez tout-à-fait dans mes idées, et que les boutons *jaunes, bleus, violets, pourprés, aplatis, irréguliers à leur circonférence,* n'en avaient pas moins reproduit, entre vos mains, « *sur des sujets qui n'avaient* » *encore éprouvé ni la petite vérole ni la vaccine, des pustules* » *ayant tout-à-fait l'aspect de la vaccine ordinaire.* » Avouez, mon cher confrère, qu'il y a loin de tout cela à cette *belle cou-* » *leur nacrée, à cette régularité dans la circonférence et dans* » *l'aréole* » exigées par tous les vaccinateurs, et que vous-même, avant mon opuscule, n'est-ce pas? vous regardiez comme les seuls signes valables d'une bonne vaccination, si j'en dois croire les planches dont vous avez orné *ad hoc* quelques-uns de vos rapports annuels. N'avais-je pas raison de dire, en commençant, que nous étions à la veille de nous entendre ? N'avais-je pas le droit de choisir pour épigraphe *suum cuique ?* Avant de passer outre, il faut que je vous rassure sur un point important. Mais cette vaccine mitigée, cette vaccinelle, si l'on veut, est-elle préservative de la variole ? La vertu reproductive est importante, sans doute ; mais celle qui préserve l'est bien davantage encore ! Voici ma réponse. En avril 1839, la variole régnait dans la maison que j'ai déjà citée, rue St.-André, N.o 13 ; les enfants de la femme L'heureux, déjà vaccinés sans succès par M. le docteur Hévin, je crois, me furent amenés par leur mère. Je manquais de vaccin proprement dit, et le cas était pressant. Je n'avais à ma disposition qu'un tout petit bouton conique, croûteux, développé sur un jeune sujet, très-bien vacciné antérieurement. Je pratiquai six piqûres et j'obtins six boutons de la plus belle apparence. La sœur de cet enfant fut prise quelques jours après d'une variole confluente qui lui fit courir les plus grands dangers. Son frère ne cessa pas de coucher avec elle pendant toute sa maladie, et vécut ensuite au milieu de ce foyer d'infection sans que sa santé subit la moindre altération.

Je trouve, page 65 :

« .... *Par conséquent, le principe de décroissement d'action*
» *de la vaccine, que notre confrère voulait convertir en loi, pour*
» *fixer l'époque où il croit les revaccinations indispensables,*
» *époque qui, selon lui, commencerait de la vingtième à la tren-*
» *tième année, à partir de celle de la première vaccination, n'est*
» *pas fondé, puisque les expériences faites dans les temps plus*
» *ou moins éloignés comme les essais les plus récents ne fournis-*
» *sent que des anomalies et une inconstance désespérantes.* »

Je n'ai rien dit d'aussi absolu, et en voici la preuve. Après m'être demandé (page 21) si l'on pouvait arriver à déterminer les limites de préservation de la vaccine, je répondis :

« Je penche volontiers à le croire. Mais il faut pour cela que
» les relevés statistiques qui abondent aujourd'hui mentionnent
» soigneusement l'époque précise de la première vaccination ,
» seul moyen d'éviter bien des erreurs préjudiciables. Déjà plu-
» sieurs médecins , nationaux ou étrangers , ont tenté la solu-
» tion de cette question. Les résultats si opposés auxquels ils
» sont arrivés prouvent assez qu'ils n'y ont pas réussi jusqu'à
» présent.... Pourtant , s'il m'est permis de raisonner d'après le
» relevé que j'ai présenté plus haut, il en résulte évidemment
» que si l'on examine la totalité des âges , je compte des succès
» sur près de la moitié de mes revaccinations, succès ainsi
» répartis :

» 7 sur 39 jusqu'à 25 ans.

» 32 sur 43 après cet âge.

» Cette proportion augmente encore après trente ans révolus,
» puisque je trouve 20 succès sur 25 opérations. »

Quant aux anomalies et à l'inconstance désespérantes que vous
ont fournies vos essais, sans les nier complètement, je ne les crois
pas avec vous aussi communes. Le seul moyen de me con-
vaincre eût été d'étayer de l'autorité des chiffres ces mêmes
essais, ce qui m'eût empêché d'y voir autre chose que des allé-
gations vagues, sans portée scientifique, et comme telles dépour-
vues à mes yeux de toute valeur.

Page 65 : « *Si la vaccine a légèrement failli à Lille en* 1839, »
(je prends acte de cet aveu, elle n'est donc pas un *préservatif
infaillible*, comme vous le dites page 66 ?) « *nous n'avons pas
» vu que ce soit les plus anciens vaccinés qui aient été atteints de
» varioloïde. »* (Encore une fois où sont les chiffres ? Moi, dans
dans mon bureau de charité ou dans ma clientèle , je n'ai vu
qu'un seul cas au-dessous de 20 ans.) « *A Marseille, en 1828, des
» enfants vaccinés depuis quelques mois seulement en furent
» atteints* (de varicelle , c'est probable) , *et cependant les revac-
» cinations tentées à cette époque n'eurent que des succès fort
» restreints. »* Je vous l'accorde volontiers, mon cher confrère,

ainsi que les insuccès de quelques honorables vaccinateurs du
département, j'entends de ceux qui se sont livrés à des expériences suivies sur ce sujet; car parmi les médecins que vous
citez au commencement de votre rapport comme s'étant pro-
noncés contre les revaccinations, quoique je professe la con-
fiance la plus illimitée dans leur profond savoir, il en est dont
l'opinion formée *à priori* ou dans le silence du cabinet ne peut
avoir pour moi, dans ce cas, aucune puissance réelle. C'est donc
aux praticiens seulement que je m'adresse, à ceux qui seraient
curieux de vérifier par eux-mêmes si vous étiez fondé en raison
lorsque vous disiez (rapport 1835, page 8) « *qu'il ne faut s'at-*
» *tendre à voir réussir les revaccinations que dans la propor-*
» *tion d'un sur plusieurs centaines de sujets.* »

N'est-ce pas là aussi la même proportion que l'on assignait,
il y a peu d'années encore, aux cas de variole chez les vaccinés ?
Que de choses ont changé depuis, sans omettre votre opinion de
1835, mon cher confrère ! Mais cela ne me surprend nullement;
« car, ai-je dit dans mon petit mémoire, ce ne sont que les es-
» prits étroits et routiniers qui s'attachent opiniâtrement à l'er-
» reur par cela même qu'ils l'ont toujours encensée. » Personne
plus que vous, mon cher confrère, n'est placé au-dessus d'un
pareil reproche. Le soin que j'ai pris de faire ressortir les différentes phases de vos idées et les modifications *subites* qu'on
y remarque ne peuvent d'ailleurs laisser à qui que ce soit le
moindre doute à cet égard.

Voici comment j'explique les prétendus insuccès des revaccinations entre les mains d'hommes habiles, impartiaux, animés
dans leurs recherches par le seul amour du bien et du vrai :

1.º Par leurs croyances absolument erronées sur la véritable
nature de la fausse vaccine, plus encore de la vaccinelle; de
là l'importance qu'ils accordent à l'absence d'un ou de plusieurs
des caractères rigoureusement exigés pour constituer la *vac-*
cine dite *légitime.* Dans ce cas, ils se montrent plus exigeants que
s'il s'agissait d'une première vaccination chez un adulte, car

même alors il est bien rare que la vaccine n'ait pas l'apparence d'une vaccinelle.

2.º Parce qu'ils ne tiennent aucun compte du temps écoulé depuis la première inoculation, ni des éruptions varioliques, même bénignes, qui se sont développées depuis cette opération. Ce sont là des causes fréquentes d'insuccès qu'il suffit de faire connaître pour qu'on les évite.

Or, comme je me suis attaché à les signaler toutes dans mon travail, je persiste à regretter, mon cher confrère, que, puisque vous lui faisiez l'honneur de vous y arrêter quelques instants, vous n'ayez pas préféré à une analyse critique très-minutieuse son insertion intégrale dans votre rapport. Vous m'eussiez épargné ainsi les embarras d'une réponse qui m'eût paru inutile, quelque sévère que vous vous fussiez montré à son égard; car alors il eût été loisible à chacun d'apprécier avec connaissance de cause la justesse et l'impartialité de vos réflexions. Par là, vous eussiez satisfait à votre mandat en popularisant des idées qu'il importe de propager activement si elles sont vraies, si elles sont utiles, ou qu'il faut étouffer au plus tôt sous des masses de faits contradictoires si, au contraire, elles se trouvent être fausses ou dangereuses. Par là encore vous eussiez épargné, à moi des débats pénibles, et aux vaccinateurs désireux d'apprécier par eux-mêmes la valeur des assertions qu'on leur distribue annuellement, au nom d'un comité *qui n'en peut mais,* de longs tâtonnements que ma propre expérience tendait à leur éviter. Vous ne l'avez pas voulu, mon cher confrère. Vous m'avez placé sous le poids de la nécessité. J'ai dû répondre et faire tomber l'une après l'autre les objections plus ou moins spécieuses que vous avez élevées contre mon opuscule, qui n'a d'autre importance à mes yeux que de renfermer des *faits pratiques,* dégagés de toute préoccupation, de tout système ou de toute théorie fille de la compilation ou de vaines spéculations. Ces faits appellent d'autres faits également pratiques. C'est dans leur coordination qu'un jour se trouvera peut-être la solution du problème qui nous divise. C'est l'OBSERVATION, ce puissant *criterium* dans les sciences naturelles, qui fera disparaître peu à peu les nombreuses difficultés qui semblent encore l'environner. C'est le seul guide à suivre à une époque où la plupart des livres ressemblent assez bien à un échiquier dont le principal mérite est tout entier dans un exact assemblage des diverses pièces qui le composent. Que leur resterait-il souvent, bon Dieu! si chaque ayant-droit venait courageusement reprendre ce qui lui appartient! si chacun retirait la pièce qu'il a fournie!

Amicus Plato, sed magis amica veritas.

Veuillez agréer, je vous prie, monsieur et très-honoré confrère, l'assurance de ma considération la plus distinguée.

Votre très-humble et très-obéissant serviteur,

DOURLEN,

Lille, le 15 juin 1840.

Docteur en médecine,

Candidat au titre de membre du comité central de vaccine du département du Nord.

P. S. Je lis dans la *Gazette des Hôpitaux* que le gouvernement belge, sur l'avis de M. l'inspecteur général du service de santé militaire, vient d'ordonner une revaccination générale de l'armée de ce royaume. Il y aura là de grands résultats sans doute et ceux-là seront à nos portes. Mes relations avec des chefs de ce service me mettront à même, je l'espère, de me procurer tous les documents officiels sur cette vaste opération. J'aurai l'honneur de vous les communiquer, quels qu'ils soient, aussitôt qu'ils me serontparvenus.

Lille, Imp. de L. Danel.

www.ingramcontent.com/pod-product-compliance
Lightning Source LLC
Chambersburg PA
CBHW060809280326
41934CB00010B/2613